ей собственной инициативе или из своего ума, рассудка или понимания; но он был вдохновляем (побуждаем, движим, охвачен) Святым Духом. Это делало его послание больше, чем человеческим; оно становилось посланием от Самого Бога.

Когда мы смотрим на примеры этих и многих других мужей, мы приходим к заключению, что все Ветхозаветные мужи, чье служение было действенным и угодным Богу, делали это исключительно благодаря силе и вдохновению Святого Духа. Это, безусловно, урок нам. Если они были не в состоянии служить Богу эффективно без Святого Духа, то не сможем и мы.

Глава вторая
СВЯТОЙ ДУХ В ЖИЗНИ ИИСУСА

Теперь мы рассмотрим роль Святого Духа в служении и учении Самого Иисуса. Во-первых, нам нужно увидеть, что Иоанн Креститель, который пришел специально, чтобы представить Иисуса и приготовить путь Его служению, представил Его Израилю так: «Он — Крестящий Духом Святым». Евангелие от Матфея 3:11:

> *Я крещу вас в воде в покаяние, но Идущий за мною сильнее меня; я не достоин понести обувь Его; Он будет крестить вас Духом Святым и огнем.*

Обратите внимание на характеристику, отличавшую Иисуса от всех мужей, пришедших до Него: «*Он будет крестить вас Духом Святым и огнем*». Это служение Иисуса, как крестящего Духом Святым, упоминается во всех четырех Евангелиях. Библия неоднократно подчеркивает это и придает этому особую важность.

Мы находим также, что Святой Дух был единственным Источником силы для всего служения Иисуса. До того, как Святой Дух сошел на Иисуса у реки Иордан во время крещения Иоанна, Иисус никогда не проповедовал и не творил чудес. Он ожидал, пока Святой Дух сойдет на Него.

Обращаясь к группе людей, собравшихся

ДЕРЕК ПРИНС

СВЯТОЙ ДУХ В ТЕБЕ

Глава 1. До Пятидесятницы 3
Глава 2. Святой Дух в жизни Иисуса 10
Глава 3. Что произошло на Пятидесятницу 16
Глава 4. Наш Помощник, Обитающий в нас 24
Глава 5. Откровение Божьего Слова 30
Глава 6. Переход на сверхъестественный уровень 36
Глава 7. Помощь в молитве 43
Глава 8. Жизнь и здоровье для наших тел 50
Глава 9. Излияние Божьей любви 58
Глава 10. Как открыться для Святого Духа 66

2018

Все выдержки из Нового и Ветхого Заветов
(кроме отмеченных особо) взяты из
Синодального перевода Библии на русский язык.

Derek Prince
THE HOLY SPIRIT IN YOU

All rights reserved
© Derek Prince Ministries – International
P.O.Box 19501 Charlotte, NC 28219-9501 USA
All rights reserved © 2009 by Derek Prince
Ministries–International

Дерек Принс
СВЯТОЙ ДУХ В ТЕБЕ

Все права защищены
© 2009 Международным Служением
Дерека Принса

Переведено и издано
Служением Дерека Принса в Украине

ISBN 978-1-78263-696-0

ДПМ-Украина
а/я 50
Светловодск
27500

электронная почта:
dpmukraine@gmail.com

посетите наш сайт в интернете:
DerekPrinceUkraine.com

по вопросам приобретения
обращайтесь по телефонам:

+38-097-77-26-482 KievStar
+38-093-02-78-939 Life
+38-066-28-64-926 Vodafone (MTC)

Глава первая

ДО ПЯТИДЕСЯТНИЦЫ

Через Священное Писание мы получаем знание, которое невозможно получить никаким другим путем. Одно из самых важных откровений Библии — это природа Бога. Библия раскрывает тайну, которую мы не смогли бы узнать ни из какого иного источника. Эта тайна о том, что Бог един, и одновременно больше, чем один: три Личности, но один Бог. Три Личности, открытые в Писании — это Отец, Сын и Святой Дух. В этой книге речь пойдет о Святом Духе.

Одно из наиболее глубоких и уникальных откровений всей Библии — откровение о Личности и действиях Святого Духа. Первое, что мы должны понять, это то, что Святой Дух Сам является Личностью точно так же, как Отец и Сын. Будучи людьми и живя в материальном мире, нам сравнительно легко осознать, что Бог-Отец есть личность и что Бог-Сын есть Личность, но не так легко осознать, что Святой Дух — Личность.

Через Святого Духа Бог знает все, нет ничего сокрытого от Бога; и благодаря Святому Духу Бог присутствует везде одновременно. Эти две характеристики представляются такими теологическими терминами, как Всезнающий и Вездесущий. Это раскрывается в различных местах Писания. Например, в Книге пророка Иеремии 23:23-24, Господь говорит:

Разве Я — Бог только вблизи, говорит Господь, а не Бог и вдали? Может ли человек скрыться в тайное место, где Я не видел бы его? говорит Господь. Не наполняю ли Я небо и землю? говорит Господь.

Бог наполняет небо и землю. Нет такого места, где Бога нет. Нет такого места, где происходит что-то, о чем Бог не знает. Это так прекрасно раскрывается в Псалме 138:1-12:

Господи! Ты испытал меня и знаешь. Ты знаешь, когда я сажусь и когда я встаю; Ты разумеешь помышления мои издали. Иду ли я, отдыхаю ли, Ты окружаешь меня, и все пути мои известны Тебе. Еще нет слова на языке моем, — Ты, Господи, уже знаешь его совершенно. Сзади и спереди Ты объемлешь меня, и полагаешь на мне руку Твою. Дивно для меня ведение Твое, — высоко, не могу постигнуть его! Куда пойду от Духа Твоего, и от лица Твоего куда убегу? Взойду ли на небо, Ты там; сойду ли в преисподнюю, и там Ты. Возьму ли крылья зари и переселюсь на край моря: и там рука Твоя поведет меня, и удержит меня десница Твоя. Скажу ли: «может быть, тьма сокроет меня, и свет вокруг меня сделается ночью». Но и тьма не затмит от Тебя, и ночь светла, как день: как тьма, так и свет.

Какой прекрасный язык! Какая замечательная картина величия мудрости Бога. Божье присутствие пронизывает всю Вселенную. Нет ни одного места, куда можно пойти и спрятаться от Бога. Никакое расстояние не может разделить вас с Ним. Никакая тьма не может спрятать вас от Него. Бог — везде, в каждой точке всей Вселенной. Он знает обо всем, что происходит в любом месте.

Ключ этой картины, находится в седьмом стихе, где псалмопевец говорит: *«Куда пойду от Духа Твоего, и от лица Твоего куда убегу?»* Это типичный пример еврейской поэзии, где две половинки одного стиха говорят по сути одно и то же. Божье присутствие в каждом месте Вселенной есть Его Святой Дух. Через Святой Дух Бог присутствует везде, и благодаря Ему Бог знает обо всем, что происходит во всей Вселенной в любой момент.

Святой Дух действовал во Вселенной начиная с сотворения. Псалмопевец рассказывает нам о самом процессе сотворения. Псалом 32:6:

Словом Господа сотворены небеса, и духом уст Его — все воинство их.

Другими словами, двумя великими инструментами сотворения, вызвавшими к существованию всю Вселенную, были Слово Господа и Дух Господа — Святой Дух. Если мы вернемся к начальным стихам Библии, описывающим сотворение, мы увидим, как это раскрывается подробнее. В книге Бытие 1:2-3, мы читаем:

Земля же была безвидна и пуста, и тьма над бездною; и Дух Божий носился над водою. И сказал Бог: да будет свет. И стал свет.

Присутствие Духа Божьего было там в бесформенной тьме, в пустоте, в бездне. Слово *«носился»* (в других переводах: *«парил»* — примеч. редактора) наводит на мысль о птице. Писание много раз представляет Святой Дух как Небесного голубя. Здесь этот Небесный голубь, Святой Дух, витает над темной, бесформенной бездной вод.

В стихе третьем говорится: *«И сказал Бог: да будет свет. И стал свет»*. Здесь опять два Проводника сотворения: Дух Божий и Слово Божие. Когда они соединяются, происходит сотворение. Когда Дух Божий и Слово Божие присутствуют где-то, созидается что-то новое, в данном случае — свет. Появляется свет, образованный Духом и Словом Божьим. Вы можете видеть, что Святой Дух действовал во Вселенной, начиная с сотворения, и всегда присутствовал во Вселенной. В определенном смысле Святой Дух является действенным, исполнительным Представителем Божьим.

Святой Дух вдохновлял и наделял силой всех мужей Божьих в Ветхом Завете. Их список слишком длинный, чтобы называть все имена, но мы рассмотрим несколько примеров.

Первый — Веселиил, человек, который спроектировал и создал ковчег и всю обстановку для скинии Моисея. Господь говорит в книге Исход 31:2-3:

Смотри, Я назначаю именно Веселиила, сына Уриева, сына Орова, из колена Иудина; и Я исполнил его Духом Божиим, мудростию, разумением, ведением и всяким искусством.

Именно Дух Божий, исполнивший Веселиила, дал тому способность выполнить такой уникальный творческий труд. Меня всегда впечатляет, что Веселиил был первым человеком в Писании, о котором сказано, что он был исполнен Духом Божьим. Результатом этого исполнения, в данном случае, было успешное выполение ручной работы. Это придает ручной работе очень высокую ценность.

Далее, в книге Второзаконие 34:9, мы читаем об Иисусе Навине:

И Иисус, сын Навин, исполнился Духа премудрости (другими словами, Духом Божьим), *потому что Моисей возложил на него руки свои, и повиновались ему* (Иисусу Навину) *сыны Израилевы, и делали так, как повелел Господь Моисею.*

Иисус Навин был великим военачальником, который завоевал Обетованную Землю, и он сделал это благодаря тому, что был исполнен Духом Божьим.

Затем, в Книге Судей 6:34, мы читаем о Гедеоне:

И Дух Господень объял Гедеона; он востру-

бил трубою, и созвано было племя Авиезерово идти за ним.

Дух Господень сошел на Гедеона и сделал его тем могущественным лидером, каким мы его знаем. До этого он был несмелым молодым человеком, прячущемся в точиле (яма, в которой ногами топтали виноград — примеч. редактора), неспособным сделать что-либо значительное. Но когда Дух Божий сошел на него, то он изменился.

Затем мы читаем о Давиде, великом царе и псалмопевце, во Второй книге Царств 23:1-2:

Вот последние слова Давида, изречение Давида, сына Иессеева, изречение мужа, поставленного высоко, помазанника Бога Иаковлева и сладкого певца Израилева: Дух Господень говорит во мне, и слово Его на языке у меня.

Давид дал нам эти прекрасные псалмы потому, что *«Дух Господень говорит во мне, и слово Его на языке у меня»*. Обратите внимание еще раз: это Дух Божий и Слово Божье.

Во Втором послании Петра 1:21, апостол Петр суммирует служение всех Ветхозаветных пророков, таким утверждением:

Ибо никогда пророчество не было произносимо по воле человеческой, но изрекали его святые Божии человеки, будучи движимы Духом Святым.

Каждый пророк, приносивший истинное послание от Бога, никогда не говорил по свов доме Корнилия, Петр так описал служение Иисуса — Деяния 10:38:

> *Как Бог Духом Святым и силою помазал Иисуса из Назарета, и Он ходил, благотворя и исцеляя всех, обладаемых диаволом, потому что Бог был с Ним.*

Источником и силой служения Иисуса на Земле был Святой Дух. Мы уже отметили, что Бог в Писании открыт, как триединый Бог — три Личности в одном Боге — Отец, Сын и Дух. В этом одном стихе показаны все три Личности. Бог-Отец помазал Иисуса-Сына Святым Духом. Результатом действия Бога в этой полноте на уровне человечества было исцеление: *«...Он ходил, благотворя и исцеляя всех, обладаемых диаволом...»* В этом секрет и источник служения Иисуса.

Даже после воскресения, Иисус по-прежнему зависел от Духа Святого. Это примечательный факт. Лука начинает свою Книгу Деяний такими словами, Деяниях 1:1-2:

> *Первую книгу* (т.е. Евангелие от Луки) *написал я к тебе, Феофил, о всём, что Иисус делал и чему учил от начала до того дня, в который Он вознесся, дав Святым Духом повеления Апостолам, которых Он избрал.*

Лука говорит о служении Иисуса в течение сорока дней между Его воскресением и вознесением. Сказано, что Иисус дал повеления Своим Апостолам Духом Святым. Иисус является примером для нас в Своем полном уповании на Дух Святой. Он полагался на силу Духа Святого для Своих чудес и Своего учения; Он ничего не делал без Святого Духа. Вызов служения Иисуса — это вызов нам: полагаться на Святого Духа точно так же, как Иисус.

Иисус не только двигался в силе Святого Духа в течение всего Своего служения, Он также обещал, что Его ученики примут того же самого Святого Духа, который наделял силой и вдохновлял Его. В Евангелии от Иоанна 7:37-39, мы читаем:

> *В последний же великий день праздника стоял Иисус и возгласил, говоря: кто жаждет, иди ко Мне и пей; кто верует в Меня, у того, как сказано в Писании, из чрева потекут реки воды живой. Сие сказал Он о Духе, Которого имели принять верующие в Него; ибо еще не было на них Духа Святого, потому что Иисус еще не был прославлен.*

Здесь чрезвычайно драматичный контраст. Вначале нам представляют жаждущего человека: *«Кто жаждет»*. Затем, через сошествие и обитание внутри него Святого Духа, тот же самый человек, который жаждал и не имел достаточно для самого себя, вдруг становится *«фонтаном* (именно так сказано в английском переводе — примеч. редактора) *рек воды живой»*. Он больше уже не нуждается, но сам становится каналом восполнения через Святой Дух. Для каждого верующего Святой Дух должен стать неисчерпаемым источником.

Евангелие далее объясняет, что хотя обетование было дано во время земного служения Иисуса, оно будет исполнено только после того, как Иисус будет прославлен: *«ибо еще не было на них Духа Святого, потому что Иисус еще не был прославлен»*.

В Евангелие от Иоанна 14:15-18, Иисус говорит Своим ученикам:

Если любите Меня, соблюдите Мои заповеди. И Я умолю Отца, и даст вам другого Утешителя, да пребудет с вами вовек, Духа истины, Которого мир не может принять, потому что не видит Его и не знает Его; а вы знаете Его, ибо Он с вами пребывает и в вас будет. Не оставлю вас сиротами; приду к вам.

Здесь нужно обратить внимание на несколько важных моментов. Во-первых, Иисус говорит: *«Отец... даст вам другого Утешителя»*. Каково значение слова *«другой»* в этом контексте? Оно означает, что Иисус, как Личность, находился со Своими учениками три с половиной года. Фактически Он говорит: «Сейчас Я, как Личность, собираюсь уйти от вас. Но когда Я уйду, другая Личность, — Святой Дух, придет вместо Меня».

Во-вторых, Он пользуется особым словом для описания Святого Духа. Здесь использовано греческое слово *«Параклетос»* (в католических переводах это *«Параклет»*), которое буквально переводится так: *«кто-то, призванный быть рядом, чтобы помогать»*. В других переводах — *«Утешитель»* и *«Помощник»*. Мы имеем здесь три родственных понятия: советник, утешитель и помощник.

В-третьих, Иисус далее отмечает, что Святой Дух пребудет с учениками вовеки. Здесь, опять, налицо контраст с Его собственными отношениями с учениками. Он, по сути, говорит: «Я был с вами короткое время — всего три с половиной года. Сейчас Я ухожу и ваши сердца разбиты. Вам кажется, что вы будете оставлены без помощи. Но Я пошлю вам другого Помощника, Святого Духа, и когда Он придет, то никогда не оставит вас. Он пребудет с вами вовеки». Потом Иисус говорит: «Я не оставлю вас сиротами, но Я приду к вам». Здесь подразумевается, что без Святого Духа они остались бы сиротами, не имеющими никого, кто заботился бы о них, помогал им или наставлял их. Но благодаря Святому Духу им предусмотрено все необходимое.

Немного ниже, в той же беседе, Иисус возвращается к этой теме. Евангелие от Иоанна 16:7:

Но Я истину говорю вам: лучше для вас, чтобы Я пошел; ибо, если Я не пойду, Утешитель не придет к вам; а если пойду, то пошлю Его к вам.

Иисус уходит, но другая Личность приходит вместо Него. В Евангелии от Иоанна 16:12-15, Иисус еще раз возвращается к этому важному вопросу:

Еще многое имею сказать вам, но вы теперь не можете вместить. Когда же придет Он, Дух истины, то наставит вас на всякую истину; ибо не от Себя говорить будет, но будет говорить, что услышит, и будущее возвестит вам.

Иисус подчеркивает индивидуальность Святого Духа, употребляя личное местоимение «Он».

Он прославит Меня, потому что от Моего возьмет и возвестит вам. Все, что имеет Отец, есть Мое; потому Я сказал, что от Моего возьмет и возвестит вам.

Поскольку это обещание было выполнено, Святой Дух является личным, постоянно находящимся на земле Представителем Троицы. Он — Тот, кто истолковывает, открывает и является Распорядителем от Отца и Сына. Иисус говорит: «от Моего возьмет и возвестит вам». Но Он добавляет: «от Моего», потому что «все, что имеет Отец, есть Мое». Таким образом, Святой Дух есть Тот, Кто истолковывает, открывает и является Распорядителем всего, что имеют Отец и Сын — все открывается, истолковывается и распределяется Святым Духом.

Глава третья

ЧТО ПРОИЗОШЛО В ДЕНЬ ПЯТИДЕСЯТНИЦЫ?

Вспомним, что Иоанн Креститель представил Иисуса так — Тот, Кто крестит Святым Духом. Как раз в таком качестве Он был представлен Израилю. Именно это, по словам Иоанна, было Его отличитеной особенностью. Во-вторых, Святой Дух был источником силы для всего служения и учения Иисуса; Он полагался на Святого Духа полностью. В-третьих, Иисус пообещал Своим ученикам, что когда Он Сам уйдет обратно на Небеса, Он пошлет Святого Духа вместо Себя как Своего личного Представителя, чтобы быть их *«Параклетом»* — Советником, Утешителем и Помощником — *«Тем, Кто призван быть рядом, чтобы помогать»*.

Сейчас мы хотим рассмотреть исполнение этого обещания, которое дал Иисус. Конкретно, мы исследуем то замечательное новое явление, которое произошло, когда Святой Дух сошел в день Пятидесятницы. Как многие обетования Библии, обетование Святого Духа не было исполнено полностью в одном событии; но осуществлялось поэтапно. Первый этап совершился в день воскресения Иисуса. Евангелие от Иоанна 20:19-22:

В тот же первый день недели вечером, когда двери дома, где собирались ученики Его, были заперты из опасения от Иудеев, пришел Иисус, и стал посреди, и говорит им: мир вам! Сказав это, Он показал им руки и ноги и ребра Свои.

Он продемонстрировал, что Он был тем самым, Кого они видели распятым.

Ученики обрадовались, увидевши Господа. Иисус же сказал им вторично: мир вам! как послал Меня Отец, так и Я посылаю вас. Сказав это, дунул, и говорит им: примите Духа Святого.

В двадцать втором стихе сделано важное утверждение. На греческом языке слово *«Дух» — «пневма» —* также означает *«дыхание»* или *«ветер»*. Этот акт дуновения на них был связан со словами, которые Иисус произнес: «*...дунул, и говорит им: примите Духа Святого (дыхание Божье)»*.

Полагаю, что это был один из самых решающих этапов в осуществлении всего Божьего плана искупления. Что произошло в этот драматический момент? Во-первых, в тот момент эти первые ученики вошли в то, что я бы назвал Новозаветным спасением. В Послании Римлянам 10:9, Павел сформулировал главные требования для спасения:

Ибо если устами твоими будешь исповедывать Иисуса Господом и сердцем твоим веровать, что Бог воскресил Его из мертвых, то спасешься.

Описанное в Евангелии от Иоанна 20:19-22,

было первым моментом, когда ученики действительно поверили, что Бог воскресил Иисуса из мертвых. До того времени они не могли войти в спасение, каким оно представлено в Новом Завете. В тот момент, когда они исповедовали Иисуса своим Господом и уверовали, что Бог воскресил Его из мертвых, они вошли в Новозаветное спасение.

Второе, что произошло: ученики пережили возрождение — они родились свыше. Они стали новыми творениями. Каждый оставил старое творение и вошел в новое творение благодаря принятому внутрь себя дыханию Божьему. Чтобы понять это, мы должны вернуться к описанию первоначального сотворения человека в книге Бытие 2:7:

И создал Господь Бог человека из праха земного, и вдунул в лице его дыхание жизни, и стал человек душею живою.

Первое сотворение человека произошло, когда Бог вдохнул Дух Жизни (Дыхание Жизни, или Святой Дух) в фигуру из глины, лежавшую на земле. Вдунутое внутрь дыхание Бога, Святой Дух, преобразило эту глиняную фигуру в живую душу. Отрывок же из Евангелия от Иоанна говорит о новом творении, которое было описано Павлом во 2-ом Коринфянам 5:17: «*Кто во Христе, тот новая тварь*». Есть прямая аналогия между первым творением и новым творением.

В новом творении Иисус — воскресший

Господь и Спаситель, который победил грех, смерть, ад и сатану. Сделав это, Он явился Своим ученикам и вдохнул в них дыхание жизни воскресения. Это была жизнь нового рода, которая восторжествовала над всеми силами зла, смерти и греха. Через это переживание ученики оставили старое и вошли в Новозаветное спасение, в новое творение во Христе, благодаря принятию дыхания жизни воскресения от Иисуса.

Однако важно понять, что даже после этого события, имевшего место в день воскресения, окончательное исполнение обетования Святого Духа еще не наступило. После воскресения Иисус сказал ученикам в Евангелии от Луки 24:49:

И Я пошлю обетование Моего Отца на вас; вы же оставайтесь в городе Иерусалиме, доколе не облечетесь силою свыше.

Незадолго перед Своим вознесением на Небеса и почти через сорок дней после дня воскресения Иисус сказал им еще более ясно. Деяния 1:5:

Ибо Иоанн крестил водою, а вы чрез несколько дней после сего будете крещены Духом Святым.

Отсюда мы видим, что событие дня воскресения еще не было полным исполнением обетования. Почти все толкователи Писания соглашаются, что последнее и окончательное исполнение произошло в день Пятидесятницы, как описано в Деяниях 2:1-4:

При наступлении дня Пятидесятницы, все они были единодушно вместе. И внезапно сделался шум с неба, как бы от несущегося сильного ветра, и наполнил весь дом, где они находились; и явились им разделяющиеся языки, как бы огненные, и почили по одному на каждом из них. И исполнились все Духа Святого и начали говорить на иных языках, как Дух давал им провещавать.

Пятидесятница была свидетельством и действительным исполнением обетования. Святой Дух сошел с Небес как Личность в виде могучего ветра, наполнил каждого из них индивидуально и дал каждому из них новую и сверхъестественную речь на языке, которого они никогда не учили.

В конце этой второй главы Книги Деяний, Петр дает теологическое объяснение того, что произошло. Деяния 2:32-33:

Сего Иисуса Бог воскресил, чему все мы свидетели. Итак Он, быв вознесен десницею Божиею и приняв от Отца обетование Святого Духа, излил то, что вы ныне видите и слышите.

И снова мы видим все три Личности Троицы. Сын Иисус получает Святого Духа от Отца и изливает Святого Духа на ожидающих учеников в верхней горнице в Иерусалиме. В тот момент произошло окончательное исполнение обетования пришествия Святого Духа. Сам Святой Дух был высвобожден с Небес Отцом и Сыном и сошел на ожидавших учеников в верхней горнице в Иерусалиме.

Обратите внимание сейчас, что Иисус был не просто воскрешен, но Он был также вознесен и прославлен. Помните также, что в Евангелия от Иоанна 7:39 отмечено, что обетование Святого Духа не могло исполниться, пока Иисус не был прославлен.

Перед нами два драматичных, замечательных воскресных дня. Первое — день воскресения, где мы имеем воскресшего Христа и принятия вдунутого Святого Духа. Второе — воскресный день праздника Пятидесятницы, где мы имеем прославленного Христа и излитого Святого Духа. Помните, что каждое из них является образцом для всех верующих, вплоть до сегодня.

День Воскресения	— Воскресший Христос	— Принятый вдохом Дух
День Пятидесяницы	— Прославленный Христос	— Излитый Дух

Давайте суммируем значение событий, имеющих непреходящую важность, которые мы только что исследовали.. В день Пятидесятницы Святой Дух сошел на землю как Личность. Сейчас Он постоянно присутствует здесь в качестве личного Представителя Божественной Троицы на земле. Видимо, это своего рода правило (которое я не могу объяснить), что одновременно постоянно пребывать на земле может только одна Личность Божья. В течение нескольких лет это был Иисус – Сын. Но когда Иисус уходил, чтобы вернуться на Небеса, Он пообещал, что вместо Него придет другая Личность, которая останется с нами вовеки, а не просто на несколько коротких лет. Это обетование было исполнено в день Пятидесятницы. Иисус – Сын, как Личность, ушел обратно к Отцу на Небеса. Затем, от Отца и Сына, пришел Святой Дух — вместо Иисуса.

Где Святой Дух обитает сейчас? Есть два ответа. Во-первых, Он живет в Церкви, в корпоративном Теле Христа. Павел спрашивает коринфских верующих в Первом послании Коринфянам 3:16:

Разве не знаете, что вы храм Божий, и Дух Божий живет в вас?

Павел говорит здесь об общем (корпоративном) храме Святого Духа.

Во-вторых, немного далее, в том же самом послании, Павел говорит нечто еще более интересное. Он открывает, что не только корпоративное Тело Христа является местом обитания Святого Духа, но Божий замысел в том, чтобы тело каждого верующего также было местом обитания Святого Духа. Первое послание Коринфянам 6:19:

Не знаете ли, что тела ваши суть храм живущего в вас Святого Духа, Которого имеете вы от Бога, и вы не свои?

Это — одно из самых изумительных утверждений, какое мы можем найти во всей Библии! Если мы являемся верующими в Иисуса Христа, то наши физические тела должны быть местом обитания Бога Святого Духа.

Глава четвертая

НАШ ПОМОЩНИК, ОБИТАЮЩИЙ В НАС

Что для нас означает практически, когда Святой Дух пришел быть нашим «Параклетом»? Мы начнем с того, что рассмотрим еще раз отрывок из Евангелия от Иоанна 14:16-18, где Иисус дал это обетование:

И Я умолю Отца, и даст вам другого Утешителя, да пребудет с вами вовек. Духа истины, Которого мир не может принять, потому что не видит Его и не знает Его; а вы знаете Его, ибо Он с вами пребывает и в вас будет.

Вы можете видеть, что это обетование только для верующих, а не для мира.

Не оставлю вас сиротами; приду к вам.

Как уже было сказано, слово *«Параклет»*, образованное от греческого слова, буквально означает *«Тот, Кто призван быть рядом, чтобы помогать»*. «Параклет» это Тот, Кто может сделать для вас то, что вы не можете сделать для себя. То же самое греческое слово используется в Первом послании Иоанна 2:1:

Дети мои! сие пишу вам, чтобы вы не согрешали; а если бы кто согрешил, то мы имеем Ходатая пред Отцем, Иисуса Христа, Праведника.

Слово, переведенное здесь как *«Ходатай»*,

— то, от которого образовано слово *Параклет*. Английский перевод использует слово *«Адвокат»*, образованное из латинских слов *«ad»* и *«vocata»* — «призванный к или в». Это латинское слово «адвокат», которое означает юриста, выступающего в нашу защиту на суде, было заимствовано во многие языки народов мира. Мы все знаем роль адвоката, поверенного или юриста в современном обществе.

Писание раскрывает ту прекрасную истину, что у нас есть два Адвоката. На земле Святой Дух ходатайствует за нас. То, что мы не можем высказать, Он говорит за нас; то, что мы не понимаем, Он истолковывает нам. На Небесах Иисус является нашим Адвокатом перед Отцом; Он ходатайствует за нас. Только подумайте, мы имеем двух величайших Адвокатов во Вселенной! Мы имеем Иисуса Христа, Сына, по правую руку Отца, и мы имеем Святого Духа на земле. Находясь под руководством таких Адвокатов и Ходатаев, как мы можем проиграть дело?

Далее, позвольте обратить ваше внимание на слова, которые Иисус сказал об этом Адвокате, являющимся нашим *«Параклетом»* — нашим Поверенным, Утешителем, Советником и Помощником. Давайте поближе рассмотрим слова, сказанные Иисусом в Евангелии от Иоанна 14:16-18, которое мы цитировали выше.

«Отец даст вам другого Утешителя» (стих 16). Вы должны понять важность этого

слова *«другой»*, так как оно говорит о личности. Иисус сказал: «Я — являюсь Личностью. Я ухожу. Когда Я уйду, другая Личность придет, чтобы быть вашим Помощником. Я был вашим Помощником, пока был здесь, но сейчас Я ухожу. Однако вы не останетесь без Помощника. У вас будет другой Помощник, Который вскоре придет».

«Да пребудет с вами вовек» (стих 16). Иисус говорит: «Я был с вами три с половиной года. Я оставляю вас, но не огорчайтесь, потому что Другой придет вместо Меня, и Он никогда не оставит вас. Он будет с вами вовеки».

«Он с вами пребывает и в вас будет» (стих 17). Очень важна фраза: «в вас». Этот Адвокат и Утешитель, будет пребывать в нас. Мы будем Его постоянным местом жительства.

«Не оставлю вас сиротами» (стих 18). По смыслу, если бы Он ушел и не оставил бы им никакого обеспечения, ученики остались бы как сироты, не имеющие никого, кто заботился бы о них, помогал бы им или объяснял им.

«Приду к вам» (стих 18). Это очень важно. Христос вернется к Своим ученикам в Духе Святом. Пока Он был на земле в Своем теле, Иисус мог быть в один момент времени только в одном месте. Он мог говорить только с Петром, Иоанном или Марией Магдалиной в один момент времени, но Он не мог беседовать со всеми ними одновременно. Он был ограничен временем и пространством. Теперь, когда

Он вернется к Своему народу в Святом Духе, Он будет свободен от ограничений времени и пространства. Он может быть в Австралии, говоря с нуждающимся в наставлении дитем Божьим; Он может быть в Соединенных Штатах, давая помазание проповеднику; Он может быть где-то в пустынях и джунглях Африки, укрепляя или исцеляя миссионера. Он не ограничен. Он вернулся, но более не подчиненный ограничениям времени и места.

Мне бы хотелось еще совсем немного задержаться на этой теме замены личностей — одна Личность Божья уходит, другая Личность приходит. В Евангелии от Иоанна 16:5-7, Иисус говорит:

А теперь иду к Пославшему Меня (т.е. к Отцу), *и никто из вас не спрашивает Меня: «куда идешь?» Но от того, что Я сказал вам это, печалью исполнилось сердце ваше. Но Я истину говорю вам: лучше для вас, чтобы Я пошел; ибо, если Я не пойду, Утешитель не придет к вам; а если пойду, то пошлю Его к вам.*

Сказано предельно ясно. «До тех пор, пока Я с вами на земле, — говорит Иисус, — Святой Дух, как Личность, должен оставаться на Небесах. Но если Я, как Личность, уйду, тогда вместо Себя пришлю другую Личность — Святой Дух». Это замена Личностей Божественной Троицы. Какое-то время Сын, как Личность, был на земле, потом, завершив

Свое служение, Он ушел обратно на Небеса. Вместо Него пришел Святой Дух (другая Личность Троицы), чтобы продолжать служение, начатое Иисусом.

Иисус сказал, что Его уход будет во благо ученикам (в Синодальном переводе сказано: *«лучше для вас»* — примеч. редактора). Это удивительное утверждение. Нам лучше, когда Иисус на Небесах, а Святой Дух на земле, чем если бы Иисус был на земле, а Святой Дух на Небесах. Лишь немногие осознают это. Мне неоднократно приходиться слышать, как христиане говорят: «Если б только я мог жить в те дни, когда Иисус был на земле». Но Иисус сказал Своим ученикам: «Вам будет лучше когда Я буду на Небесах, а Святой Дух будет на земле, — вы будете иметь больше, чем имеете сейчас».

Позвольте показать вам это в свете духовного опыта самых учеников. Обратите внимание, это произошло сразу же после того, как сошел Святой Дух. Было три немедленных результата:

Во-первых, они поняли план Божий и служение Иисуса гораздо лучше, чем они понимали это все время, пока Иисус был на земле. Это примечательный факт, что до этого они были очень медлительными и ограниченными в своем понимании, но в тот момент, когда Святой Дух пришел, они получили совершенно иную глубину понимания служения и проповеди Иисуса.

Во-вторых, они стали чрезвычайно смелыми. Даже после воскресения они все еще прятались за закрытыми дверьми из страха перед иудеями. Они не были готовы встать и проповедовать и провозглашать истину, не были они и оснащены. Однако, в тот момент, когда сошел Святой Дух, это изменилось. Петр смело и прямо открыл иудеям Иерусалима всю историю Иисуса и высказал им в лицо обвинение в Его распятии.

В-третьих, они имели сверхъестественные подтверждения. Как только Дух Святой пришел, начали происходить чудеса. Было точно так, будто Иисус опять был с ними лично, ибо Иисус сказал: «Когда придет Святой Дух, Я вернусь в Нем. Я буду с вами. Я не оставлю Вас сиротами».

Глава пятая

ОТКРОВЕНИЕ БОЖЬЕГО СЛОВА

Святой Дух помогает нам, утешает нас и восполняет наши нужды самым надлежащим образом. Первый способ, как Он это делает, это откровения Божьего Слова. Святой Дух есть Тот, Кто открывает и истолковывает Слово Божье. В Евангелии от Иоанна 14:25-26 Иисус говорит Своим ученикам:

Сие сказал Я вам, находясь с вами. Утешитель же («Параклет»), Дух Святый, Которого пошлет Отец во имя Мое, научит вас всему и напомнит вам все, что Я говорил вам.

Две функции Святого Духа, упомянутые в стихе 26, важны: Он должен напомнить, и Он должен учить. Святой Дух должен напоминать ученикам все, чему Иисус уже учил их. Как я понимаю, это значит, что апостольский текст Нового Завета не подвержен слабостям человеческой памяти, а он вдохновлен Святым Духом. Ученики могли не точно вспомнить какие-то вещи, но Сам Святой Дух приводил им на память все, что им нужно было вспомнить.

Однако, Он не только заботился о прошлом, Святой Дух также заботился о будущем. Он учил их всему, чему им нужно было научиться. Это относится также к нам и сегодня.

Сегодня Он — наш Учитель здесь, на земле. Иисус, будучи на земле, был великим Учителем, но теперь Он передал эту задачу Святому Духу — Своему личному Представителю. Все что нам нужно знать о Слове Божьем — Святой Дух рядом, чтобы наставить нас.

Это поставило учеников на один уровень с Ветхозаветными пророками. Вот что написано о пророках во Втором послании Петра 1:21:

Ибо никогда пророчество не было произносимо по воле человеческой, но изрекали его святые Божии человеки, будучи движимы Духом Святым.

За точностью и авторитетом Ветхозаветных пророков стоял Сам Святого Духа. Когда Он почивал на них, Он был ответственен за то, что они говорили. Он вдохновлял их и влек их. Но это также верно в отношении писаний Нового Завета. Иисус проследил за тем, чтобы Святой Дух напомнил ученикам все, что Он говорил, и научил их всему, что им еще нужно было узнать. Святой Дух — вот истинный Автор всего Писания: и Ветхого, и Нового Заветов. Павел утверждает это очень ясно во Втором послании Тимофею 3:16:

Все Писание богодухновенно и полезно для научения, для обличения, для исправления, для наставления в праведности.

Слово «*богодухновенный*» указывает на деятельность Святого Духа. Святой Дух это Тот, Кто вдохнул все Писание через человеческие каналы, которыми Писание появилось.

Божье совершенное обеспечение для нас вызывает в моем сердце радость. Святой Дух был Автором Писания, и Он также является нашим личным Учителем Писания. Таким образом, Сам Автор Писаний становится их Толкователем. Кто сможет истолковать вам книгу лучше того, кто написал ее? Я сам написал больше двадцати книг. Иногда я слышу, как другие истолковывают мои книги, и они делают это хорошо, хотя я часто думаю: «А вот это ты упустил», — или: «Ты не совсем правильно понял это». В данном случае Святой Дух, являющийся Автором Писания, является также его Толкователем. Он не пропускает ничего, у Него все правильно. Если мы способны слушать Его и принимать от Него, то мы узнаем, что Писание в действительности имеет ввиду в том, или ином случае.

Откровение Писания было немедленным результатом в день Пятидесятницы. Когда Святой Дух сошел, люди из неверующей толпы говорили: «Они пьяны!» Но Петр встал и сказал следующее, Деяния 2:15-16:

Они не пьяны, как вы думаете, ибо теперь третий час дня; но это есть предреченное пророком Иоилем...

До этого времени Петр не понимал пророчества Иоиля. Фактически, он очень ограниченно понимал даже учение Иисуса. Но как только Святой Дух пришел, Библия приобрела для него совершенно новый смысл, потому что туда пришел Автор, Который истолковывал.

Так же с апостолом Павлом. Он гнал Церковь и отвергал Иисуса, как Мессию. В Деяниях 9:17 говорится:

Анания пошел, и вошел в дом (где был Павел), *и, возложив на него руки, сказал: брат Савл* (который позже стал Павлом)! *Господь Иисус, явившийся тебе на пути, которым ты шел, послал меня, чтобы ты прозрел и исполнился Святого Духа.*

Сразу же после этого Павел начал проповедовать в синагогах, что Иисус — Сын Божий, — это было именно то, что он недавно отвергал. Как только Святой Дух пришел, Павел получил совершенно другое понимание. Это было подобно выходу из тьмы во свет. Это не было что-то постепенное, а почти мгновенное изменение, потому что Святой Дух, Учитель и Автор Писания, был в Павле.

Когда о Святом Духе говорится, как об истолковывающем и открывающем Слово Божье, нам нужно иметь в виду, что не только Библия есть Слово Божье, но Сам Иисус назван Словом Божьим. В Евангелии от Иоанна 1:1, мы читаем об Иисусе:

В начале было Слово, и Слово было у Бога, и Слово было Бог.

Три раза в этом стихе Он назван «*Словом*». В Евангелии от Иоанна 1:14, мы читаем такое утверждение:

И Слово стало плотию и обитало с нами, полное благодати и истины; и мы видели славу Его, славу как единородного от Отца.

Библия, Писание, есть Слово Божье на бумаге, а Иисус — есть Слово Божье в Личности. И чудо в том, что они находятся в полном согласии.

Святой Дух не только открывает и истолковывает написанное Слово Божье, но Он также открывает и истолковывает Слово Божье в Личности — в Иисусе. Вот что Иисус говорит о Святом Духе в Евангелии от Иоанна 16:12-15:

Еще многое имею сказать вам, но вы теперь не можете вместить. Когда же придет Он, Дух истины, то наставит вас на всякую истину; ибо не от Себя говорить будет, но будет говорить, что услышит, и будущее возвестит вам. Он прославит Меня, потому что от Моего возьмет и возвестит вам. Все, что имеет Отец, есть Мое; потому Я сказал, что от Моего возьмет и возвестит вам.

Стих 12 говорит нам о том, что Иисус не пытался сказать все, потому что Он доверял Святому Духу, и Он знал, что Святой Дух придет. Затем Он объяснил, что Святой Дух будет делать, когда Он придет.

Святой Дух берет принадлежащее Иисусу и открывает это нам. Он прославляет Иисуса для нас. Он открывает Иисуса в Его славе, в Его полноте. Каждый аспект природы, характера и служения Иисуса раскрывается нам Святым Духом.

Очень интересно обратить внимание, что после того, как Святой Дух сошел на апостолов и учеников в день Пятидесятницы в Иерусалиме, у них больше никогда не было никаких сомнений в том, где находился Иисус. Они знали, что Он вознесен во славу по правую руку Отца. Святой Дух прославил Иисуса перед учениками. Он взял то, что принадлежало Христу — из Писания, из их памяти и из их контактов с Иисусом — и открыл это ученикам.

Святой Дух открывает и прославляет Иисуса. Он также распределяет все богатство Отца и Сына, потому что все, что имеет Отец, дано Сыну, и все, что имеет Сын, распределяет Святой Дух. Другими словами, все богатство Божье распределяется Святым Духом. Неудивительно, что нам не нужно быть сиротами, когда Он — наш Распорядитель, и все богатство Божье находится в Его распоряжении.

Глава шестая

ПЕРЕХОД НА СВЕРХЪЕСТЕСТВЕННЫЙ УРОВЕНЬ

Следующий основной результат сошествия Святого Духа заключается в том, что мы переходим на сверхъестественный уровень жизни. Есть два очень интересных стиха описывают христиан Новозаветного стандарта. Послание Евреям 6:4-5:

…Однажды просвещенных, и вкусивших дара небесного, и соделавшихся причастниками Духа Святого, и вкусивших благого глагола Божия и сил будущего века.

Здесь перечислено пять признаков верующих Нового Завета:

Во-первых, они *«просвещены»*.

Во-вторых, они *«вкусили дара небесного»*, который, как я верю, является даром вечной жизни в Иисусе.

В-третьих, они стали *«причастниками, Духа Святого»*.

В-четвертых, они *«вкусили благого глагола Божия»* — то есть Божье Слово стало для них живым и реальным.

В-пятых, они *«вкусили сил будущего века»*.

Все христиане верят, что в следующем веке мы будем функционировать совершенно по-другому. Мы будем освобождены от многих ограничений наших физических сил, потому что у нас тела будут другого рода и совершенно другой образ жизни. Но многие христиане не сознают, что через Святого Духа мы можем немного попробовать этот образ жизни прямо сейчас, в этой жизни. Мы можем *вкусить сил будущего века*. Мы можем лишь попробовать их; не пережить их во всей полноте, а только лишь узнать чуть-чуть о том, какой будет следующая жизнь уже в этой жизни.

Павел употребил в связи с этим одну очень интересную фразу. В Послании Ефесянам 1:13-14, он пишет верующим:

В Нем и вы, услышавши слово истины, благовествование вашего спасения, и уверовавши в Него, запечатлены обетованным Святым Духом, Который есть залог наследия нашего, для искупления удела Его, в похвалу славы Его.

Слово *«залог»* — это интересное слово. Святой Дух является Божьим залогом в нас, прямо сейчас, на следующий век. Я изучал это слово, употребленное здесь. По-гречески это слово *«аррабон»*, которое на самом деле является еврейским словом.

Много лет назад, примерно в 1946 году, когда мы жили в Иерусалиме, у меня был один очень интересный случай, который прекрасно проиллюстрировал мне значение этого слова *«аррабон»*, или *«залог»*. Мы с моей первой женой пошли в Старый Город купить материал для новых штор в нашем доме. Мы нашли тот материал, который хотели, узнали цену (скажем, это было 1 доллар за ярд) и сказали продавцу, что нам нужно пятьдесят ярдов. Я сказал этому человеку: «Нам нужно вот это», — и он назвал мне цену в пятьдесят долларов. «Хорошо, — сказал я ему, — сейчас у меня нет с собой пятидесяти долларов. Вот десять долларов — это мой залог. Теперь этот материал мой. Отложите его в сторону. Вы не можете продать его никому другому. Я вернусь с остальными деньгами и заберу его». Вот что означает слово *«appaбoн».*

Святой Дух является залогом Господа в нас. Давая Святой Дух, Господь прямо сейчас производит в нас первичный взнос жизни грядущего века. Когда нам дается этот первый взнос, мы — как тот материал на шторы. Мы отделены и не подлежим продаже никому другому. Это гарантия, что Он вернется и принесет остальное, чтобы совершить окончательный выкуп. Вот почему Павел говорит о том, что мы имеем залог *«до времени искупления тех, кто является Божьей собственностью»* (перевод дан согласно английской Новой Международной Версии — примеч. переводчика). Мы уже принадлежим Ему, но мы имеем на руках только первичный взнос — полнота искупления еще впереди.

Святой Дух является первичным взносом нашей жизни в Боге в веке грядущем. Эта сверхъестественная жизнь охватывает каждую сферу нашего практического опыта.

Мне бы хотелось процитировать отрывок из моей книги *«Твердое основание христианской жизни»* из главы *«Цели Пятидесятницы»*, где подчеркнута эта истина:

«Если мы изучаем Новый Завет с открытым сердцем, то вынуждены признать, что вся жизнь и весь духовный опыт первых христиан были пропитаны сверхъестественным. Для них сверхъестественный опыт не был чем-то редким, необязательным или побочным; это было неотъемлемой и важной частью всей христианской жизни этих людей. Их молитва была сверхъестественна; их проповедь была сверхъестественна; они имели сверхъестественное водительство; сверхъестественную силу; сверхъестественное перемещение из одного места в другое (см. Деяния 8:39); сверхъестественную защиту.

Уберите все сверхъестественное из Книги Деяний, и у вас останется нечто бессмысленное или лишенное логики. Начиная с сошествия Духа Святого во второй главе Книги Деяний, невозможно найти главы, где бы сверхъестественные события ни играли важной роли.

В описании служения Павла в Ефесе, в Книге Деяний 19:11, мы находим очень интересную фразу: *«Бог же творил не мало чудес руками Павла...»* Там, где в нашем переводе, употреблена фраза *«не мало чудес»* (а в других переводах говорится о «особых, необычайных, великих, удивительных чудесах»), в греческом оригинале говорится о «чудесах такого рода, которые происходят не каждый день». Чудеса были ежедневным явлением в первой Церкви. Как правило, они уже не вызывали ни особого удивления, ни комментариев. Но те чудеса, которые произошли в Ефесе во время служения Павла, были такими, что даже во времена первой Церкви о них говорится особо.

В скольких церквах сегодня нам пришлось бы использовать эту фразу — «чудеса, которые происходят не каждый день»? В скольких церквах чудеса вообще происходят, не говоря уже о том, чтобы они происходили повседневно?»

Одна сфера, в которой сверхъестественное особенно проявлялось в жизни ранних христиан, было сверхъестественное водительство и направление, которое они получали от Святого Духа. В 16-й главе Книги Деяний мы читаем о Павле и его спутниках в его втором миссионерском путешествии. Они были в области, которую сегодня мы называем Малой Азией. В Деяниях 16:6-7 сказано, что они:

... не были допущены Духом Святым проповедывать слово в Асии. Дошедши до Мисии, предпринимали идти в Вифинию; но Дух (или Иисус через Святого Духа) *не допустил их* (идти в Вифинию).

То есть они попытались пойти на запад, и

Святой Дух не позволил им. Тогда они попытались пойти на северо-восток, и Святой Дух сказал: «Нет». Деяния 16:8-10 продолжают:

Миновав же Мисию, сошли они в Троаду (это был северо-восток). *И было ночью видение Павлу: предстал некий муж Македонянин, прося его и говоря: приди в Македонию и помоги нам. После сего видения, тотчас мы положили отправиться в Македонию, заключая, что призывал нас Господь благовествовать там* (в Македонии).

Это очень примечательный случай и это наш пример сверхъестественного вмешательства и водительства Святого Духа. Для них в той географической ситуации сам собой напрашивался маршрут либо на запад в Асию, либо на северо-восток в Вифанию. Миновать эти две области, а пойти на северо-запад и затем двинуться на Европейский континент — выглядело довольно странным решением.

Однако, рассматривая последующую историю Церкви, мы видим, что впоследствии Европа сыграла уникальную роль — во-первых, в сохранении Евангелия в течение Средневековья; и, во-вторых, она многие годы была основным континентом, посылавшим Слово Божье другим народам. Бог имел суверенную цель, которая включала много будущих столетий. Павел и его спутники никогда не смогли бы открыть это путем естественных рассуждений, но благодаря сверхъестественному водительству Святого Духа они двигались в полноте намерений Божьих. Это сверхъестественное водительство Святого Духа в их жизни оказало влияние на всю историю человечества.

Это лишь один из многих примеров из жизни ранних христиан о сверхъестественном вмешательстве и водительстве Святого Духа.

Глава седьмая

ПОМОЩЬ В МОЛИТВЕ

Третий, способ содействия Святого Духа нам — это Его жизненно важная помощь в наших молитвах. Слова Павла в Послании Римлянам 8:14 свидетельствуют о том, что без водительства Святого Духа мы не сможем быть зрелыми сынами Божьим и вести христианскую жизнь:

Ибо все, водимые (настоящее продолжительное время — «постоянно водимые») *Духом Божиим, суть сыны Божии* (имеются в виду зрелые сыны — не младенцы).

Мы становимся христианами благодаря рождению от Духа Божьего. Но для того, чтобы жить полноценной христианской жизнью после рождения свыше и придти к зрелости, мы должны быть постоянно водимы Духом Божьим. Форма глагола, который Павел использует здесь — настоящее продолжительное время: *«Ибо все,* (постоянно) *водимые Духом Божиим, суть сыны Божии»*. Речь идет не о младенцах, но о зрелых сыновьях и дочерях.

Немного далее Павел прилагает этот принцип водительства Святым Духом к нашей молитвенной жизни. Он подчеркивает необходимость водительства Святого Духа, чтобы молиться правильно. Послание Римлянам 8:26-27:

Также и Дух подкрепляет нас в немощах

наших; ибо мы не знаем, о чем молиться, как должно, но Сам Дух (подчеркивается индивидуальность Святого Духа) *ходатайствует за нас воздыханиями неизреченными. Испытующий же сердца знает, какая мысль у Духа, потому что Он ходатайствует за святых по воле Божией.*

Павел говорит здесь о немощи, которую все мы имеем. Это не физическая немощь, а немощь разума и понимания. Мы не знаем, за что молиться, и мы не знаем, как молиться.

Проповедуя перед собраниями на эту тему, я часто просил поднять руку тех людей, которые всегда знали, за что молиться и как за это молиться. Ни разу никто не решался поднять руку на этот вызов. Полагаю, что все мы достаточно честны, чтобы признать, что когда мы хотим молиться, то зачастую не знаем, за что молиться. Иногда, даже если мы думаем, что знаем, за что молиться, то мы не знаем, как молиться за это. Павел называет это *«нашими немощами»*. Но он говорит нам, что Бог посылает Святого Духа, чтобы помочь нам в этой немощи — чтобы узнать, за что молиться, и узнать, как за это молиться. В определенном смысле, язык Павла предполагает, что Святой Дух входит и производит молитву через нас.

Ключ к эффективной молитве — это научиться быть в таких отношениях со Святым Духом, чтобы мы могли подчиняться Ему. Тогда мы сможем позволить Ему руководить, направлять, вдохновлять и укреплять и, часто, действительно молиться через нас.

Новый Завет показывает много способов, как Святой Дух может помочь нам в молитве и некоторые из них я сейчас кратко опишу.

Первый путь указан в процитированных выше стихах (Римл. 8:26-27), где Павел говорит: *«...Сам Дух ходатайствует за нас воздыханиями неизреченными»*. Это — ходатайство, и я бы охарактеризовал его как одну из высших точек христианской жизни. Затем Павел говорит о *«воздыханиях неизреченных»* (или в другом переводе *«стенания слишком глубокие для выражения их в словах»*). Наш ограниченный разум не имеет слово, в которых можно было бы выразить те молитвы, которыми следует молиться. Поэтому один из способов, которыми Святой Дух приходит к нам на помощь — это молиться через нас стенаниями, которые нельзя передать словами.

Это очень глубокое и сокровенное переживание, духовные родовые муки, которые дают духовное рождение. В Книге пророка Исаии 66:8 мы находим нечто подобное:

Кто слыхал таковое? кто видал подобное этому? возникала ли страна в один день? раждался ли народ в один раз, как Сион, едва начал родами мучиться, — родил сынов своих.

Никакое настоящее духовное воспроизводство в церкви не может произойти без духовных родовых мук в молитве. Именно когда Сион начал мучиться родами, он родил сынов своих.

Павел говорит об этом же духовном переживании в Послании Галатам 4:19:

Дети мои, для которых я снова в муках рождения, доколе не изобразится в вас Христос!

Ранее Павел проповедовал этим людям, и они обратились. Но для того, чтобы они стали тем, кем им нужно было стать, Павел признал, что нужно большее, чем проповедь, нужна была ходатайственная молитва. Он описывает эту ходатайственную молитву как *«муки рождения»* или *«воздыхания неизреченные, слишком глубокие для слов»*.

Второй способ, как Святой Дух помогает нам в молитве — Он просвещает наш разум. При этом Он не молится через нас, а показывает нам в нашем разуме, за что нам нужно молиться и как нам нужно молиться за это. Есть два места Писания, которые говорят о работе Святого Духа в наших умах. В Послании Римлянам 12:2, мы читаем:

И не сообразуйтесь с веком сим, но преобразуйтесь обновлением ума вашего, чтобы вам познавать, что есть воля Божия, благая, угодная и совершенная.

Только обновлённый ум может обнаружить волю Божью, даже когда это касается только молитвы. В Послании Ефесянам 4:23 сказано:

«...обновиться духом ума вашего». Обновление наших умов происходит только Святым Духом. Когда Святой Дух входит и обновляет наши умы, мы начинаем постигать волю Бога и начинаем понимать, как молиться согласно воли Божьей. Это второй способ, как Святой Дух помогает нам — обновляя наш ум, просвещая его и открывая нам то, как молиться.

Третий способ, как Святой Дух помогает нам — Он вкладывает правильные слова в наши уста, и делает Он это зачастую неожиданно. Всякий раз, говоря об этом, я вспоминаю об одном случае, который произошел с моей первой женой. Мы были в Дании, откуда она родом. На дворе стоял конец октября. На следующий день нам предстояло уехать в Британию, чтобы провести весь ноябрь там. Я — британец, поэтому знаю, что ноябрь в Британии — это холодный, пасмурный, сырой и туманный месяц. Когда мы молились за день до отъезда в Британию, я услышал, как Лидия сказала: «Дай нам хорошую погоду на все время, пока мы в Британии!» Я чуть не упал с кровати, на которой мы сидели и молились.

Когда я спросил ее, знала ли она, о чем молилась, Лидия ответила: «Нет, я не помню!» Это было для меня верным доказательством, что это был Святой Дух.

Я сказал: «Ты молилась, чтобы Бог дал нам хорошую погоду на все время, пока мы в Британии, а ты знаешь, какая Британия в ноябре?» Она просто пожала плечами. Мы провели весь ноябрь в Британии, и у нас не было ни единого холодного, ненастного, сырого дня! Как будто была хорошая весна.

Когда мы уезжали в конце ноября, я сказал людям, провожавшим нас в аэропорт: «Берегитесь, потому что когда мы уедем, погода сменится!» И она сменилась! Это была молитва, которую Святой Дух вложил в уста Лидии. Это было то, о чем Господь хотел, чтобы она молилась в то время. Это лишь небольшой пример, как это происходит.

Четвертый способ, как Святой Дух помогает нам в молитве много раз упоминается в Новом Завете. Святой Дух дает нам новый, неизвестный язык, такой, которого природный ум не знает. Некоторые люди говорят о нем, как о молитвенном языке. Павел в Первом послании Коринфянам 14:2:

Ибо, кто говорит на незнакомом языке, тот говорит не людям, а Богу, потому что никто не понимает его, он тайны говорит духом.

И в стихе 4, той же главы, Павел говорит:

Кто говорит на незнакомом языке, тот назидает себя; а кто пророчествует, тот назидает церковь.

Молитва такого типа выполняет три основных функции:

1. Когда мы молимся на незнакомом языке, мы говорим не людям, но Богу. На

мой взгляд, это само по себе является огромной привилегией.
2. Мы говорим то, чего наш ум не понимает. Мы говорим тайны, или разделяем Божьи тайны.
3. Делая это, мы назидаем или выстраиваем изнутри самих себя.

Ниже, в Первом послании Коринфянам 14:14-15, Павел говорит:

Ибо, когда я молюсь на незнакомом языке, то, хотя дух мой и молится, но ум мой остается без плода.

Здесь ситуация, в которой Святой Дух не просвещает наш разум, но Он просто дает нам новый язык и молится через нас на этом языке. Ни одна из форм молитвы не должна вытеснять другую. Павел говорит очень ясно:

Стану молиться духом, стану молиться и умом.

Оба вида молитвы имеют свое место.

Когда мы даем место Святому Духу, подчиняемся Ему и позволяем Ему действовать в нас согласно с Писанием, в нашей молитвенной жизни появляется огромное богатство и разнообразие. Это то, чего Бог желает для каждого из нас.

Глава восьмая

ЖИЗНЬ И ЗДОРОВЬЕ ДЛЯ НАШЕГО ТЕЛА

Четвертая функция Святого Духа как нашего *«Параклета»* — Его передача сверхъестественной жизни и здоровья нашим физическим телам. Иисус пришел дать нам жизнь, как Он провозгласил в Евангелии от Иоанна 10:10:

Вор приходит только для того, чтобы украсть, убить и погубить; Я пришел для того, чтоб имели жизнь и имели с избытком.

Здесь нам представлены две личности, и нам нужно различать их очень ясно: Дающий жизнь — Иисус, и ворующий жизнь — сатана. Дьявол приходит к нам только для того, чтобы отнять жизнь. Он приходит, чтобы украсть благословения и обеспечение Божье; он приходит убить нас физически и погубить нас навечно. Каждому из нас нужно осознать, что если мы позволим дьяволу иметь хоть какое-то место в нашей жизни, то он собирается сделать именно это — обкрадывать, убивать и губить нас настолько, насколько мы позволим ему делать это.

С другой стороны, Иисус пришел с прямо противоположным намерением: Он пришел, чтобы мы могли иметь жизнь, и чтобы мы могли иметь ее в полной мере. Нам важно осознать, что в эту жизнь, которую дать нам пришел Иисус, мы входим благодаря Святому Духу. Мы имеем эту жизнь только в той степени, в которой мы позволяем Святому Духу делать Его работу в нас. Если мы противимся или не даем места работе Святого Духа, мы не сможем пережить полноту Божественной жизни, которую нам дает Иисус. Важно понять, что это Святой Дух воскресил мертвое тело Иисуса из гроба. Павел говорит в Послании Римлянам 1:4 об Иисусе следующее:

> (Иисус) *открылся Сыном Божиим в силе, по духу святыни, чрез воскресение из мертвых, о Иисусе Христе Господе нашем.*

«Дух святыни» — так буквально по-еврейски называется Святой Дух, и в данном случае мы здесь находим дословный греческий перевод этого еврейского названия. Хотя Павел писал на греческом языке, мыслил он на еврейском. Поэтому, когда Павел говорит *«по Духу святыни»*, это то же самое, что сказать *«через Святой Дух»*. Иисус был явлен или проявлен или провозглашен Сыном Божьим благодаря силе, которая воскресила Его из мертвых (т.е. силе Святого Духа).

В предыдущих разделах я отметил, что, в определенном смысле, высшей точкой искупительного процесса Божьего в этом веке является то, что Сам Бог, в Личности Святого Духа, должен был обитать в наших физических телах и сделать их Своим храмом или Своим жилищем. В Послании Римлянам 8:10-11, Павел говорит так:

> *А если Христос в вас, то тело мертво для греха, но дух жив для праведности. Если же Дух Того, Кто воскресил из мертвых Иисуса, живет в вас, то Воскресивший Христа из мертвых оживит и ваши смертные тела Духом Своим, живущим в вас.*

В десятом стихе имеется в виду то, что когда Христос входит в нас в момент нашего обращения и возрождения, старая жизнь кончается и начинается новая жизнь. Старая, плотская жизнь прекращается и наш дух оживает жизнью Бога. Далее, в стихе одиннадцатом, Павел говорит, что это означает для наших физических тел. Совершенно ясно, что та же самая Личность, та же самая сила, которая воскресила тело Иисуса из гробницы, сейчас обитает в теле каждого посвященного верующего и сообщает каждому смертному телу ту же самую жизнь, которую Он (Святой Дух) сообщил смертному телу Иисуса и ту же самую силу, которая воскресила Его (Иисуса) в нетленном теле.

Этот процесс сообщения Божественной жизни нашим телам будет завершен в момент общего воскресения христиан. Важно понять, что пока (живя на земле) мы не имеем нетленных, вечных, воскресших тел, но все-таки уже имеем эту жизнь воскресения в наших смертных телах. Продолжая это послание, Павел несколько раз говорит о том, что жизнь воскресения (уже находящаяся в наших смертных телах) может восполнить все физические нужды нашего тела — вплоть до того момента, когда Бог не отделит дух от тела и не призовет нас к Себе.

Мы должны понять, как наши тела были образованы в начале, потому что здесь все взаимосвязано. Книга Бытие 2:7 повествует о следующем:

И создал Господь Бог человека из праха земного, и вдунул в лице его дыхание жизни, и стал человек душею живою.

Что оживило физическое тело человека? Это был вдунутый Дух Божий, который превратил глиняную форму в живое человеческое существо со всеми чудесами и дивами функционирующего человеческого тела. Первоначально Святой Дух вызвал к жизни физическое тело. Логически следует, что Он поддерживает его жизнь. Это так логично — если бы только христиане смогли увидеть это! Божественное исцеление и Божественное здоровье совершенно логичны в свете Писания.

Например, если у всех выходят из строя часы, вы не несете их к сапожнику: вы несете свои часы часовщику. Теперь примените то же самое рассуждение: если ваше тело выходит из строя, к кому вам обратиться? На мой взгляд было бы вполне логично обратиться к Тому, кто его «изготовил» — к Святому Духу.

В Соединенных Штатах знакомы с эмблемой «Body by Fisher» (буквально «Тело (корпус, кузов) от Фишера» — знак специализированной фирмы, которая с 1908 по 1996 года занималась разработкой и изготовлением кузовов для легковых автомобилей ведущих американских производителей — примеч. редактора), которую можно встретить на кузове многих популярных американских моделей автомобилей. Когда я смотрю на брата-христианина, я говорю: «Тело от Святого Духа. Вот Кто дал ему это тело, Кто поддерживает это тело и Кто дает силу его телу».

Свидетельство Павла впечатляет. Во Втором послании Коринфянам 11:23-25 он говорит:

> *Христовы служители? в безумии говорю: я больше. Я гораздо более был в трудах, безмерно в ранах, более в темницах и многократно при смерти. От Иудеев пять раз дано мне было по сорока ударов без одного; три раза меня били палками, однажды камнями побивали, три раза я терпел кораблекрушение, день и ночь пробыл во глубине морской.*

Это почти невероятно, что человек мог пройти через все это и быть таким активным, таким здоровым и настолько мужественным. Какая сила помогла Павлу пройти через все это? Сила Святого Духа. Ниже В Книге Деяний 14:19-20 дано описание побивания Павла камнями в городе Листра:

Из Антиохии и Иконии пришли некоторые Иудеи и, когда Апостолы смело проповедывали, убедили народ отстать от них, говоря: они не говорят ничего истинного, а все лгут. И, возбудивши народ, побили Павла камнями и вытащили за город, почитая его умершим (нужно много камней, чтобы человек хотя бы выглядел забитым насмерть!). *Когда же ученики собрались около него, он встал и пошел в город, а на другой день удалился с Варнавою в Дервию.*

Что за человек! Я слышал, как некоторые люди полагают, что Павел был ходячим инвалидом, который большую часть времени болел. Мой комментарий на это: «Если Павел был инвалидом, то Господь, дай нам побольше таких инвалидов, как Павел!»

Итак, мы обратили внимание на удивительное свидетельство о физической выносливости и жизнестойкости апостола Павла. Давайте посмотрим на его секрет. Что сам Павел говорит об этом? Второе послание Коринфянам 4:7-12:

Но сокровище сие мы носим в глиняных сосудах («сокровище сие» — это живущий в нас Дух Божий), *чтобы преизбыточная сила была приписываема Богу, а не нам; мы отовсюду притесняемы, но не стеснены; мы в отчаянных обстоятельствах, но не отчаиваемся; мы гонимы, но не оставлены; низлагаемы, но не погибаем; всегда носим в теле мертвость Господа Иисуса, чтобы и жизнь Иисусова открылась в теле нашем. Ибо мы живые непрестанно предаемся на смерть ради Иисуса, чтоб и жизнь Иисусова открылась в смертной плоти нашей, так-что смерть действует в нас, а жизнь в вас.*

Стихи седьмой и восьмой говорят нам, что сами по себе мы не являемся людьми какого-то особого рода, однако внутри себя мы имеем силу особого рода. То, что сокрушило бы других, не должно сокрушить нас, потому что мы имеем внутри силу, делающую нас непотопляемыми.

В стихе десятом мы находим прекрасный контраст. Мы должны почитать (т.е. считать) себя умершими с Иисусом. Когда мы делаем это, тогда Его жизнь проявляется в наших физических телах. Совершенно ясно, что речь идет не о веке грядущем, но о том, что сверхъестественная, пребывающая в нас, Христова жизнь воскресения в Святом Духе проявляется в наших смертных телах уже в этом веке.

Последние слова стиха одиннадцатого имеют важное значение: «*...чтоб и жизнь Иисусова открылась в смертной плоти нашей*». Это не просто потаенное, скрытое присутствие, которого никто не может видеть; это присутствие, которое производит такие результаты в нашем физическом теле, которые очевидны для всех. Христова жизнь воскресения открывается в наших смертных телах.

Стих двенадцатый говорит нам, что когда мы принимаем смертный приговор в самих себе и приходим к концу наших собственных физических сил и возможностей, тогда иного рода жизнь действует через нас. Второе послание Коринфянам 4:16:

Посему мы не унываем; но если внешний наш человек и тлеет, то внутренний со дня на день обновляется.

Внешний человек разрушается, но есть жизнь во внутреннем человеке, который со дня на день обновляется. Внутренняя, сверхъестественная, чудотворная жизнь Божья заботится о нуждах внешнего человека каждого из нас.

Глава девятая

ИЗЛИЯНИЕ БОЖЕСТВЕННОЙ ЛЮБВИ

Величайшее и самое чудесное из всех благословений, которые Святой Дух предлагает нам — это излияние Божьей любви в наши сердца. В Послании Римлянам 5:1-5 сказано:

Итак, оправдавшись верою, мы имеем мир с Богом чрез Господа нашего Иисуса Христа, чрез Которого верою и получили мы доступ к той благодати, в которой стоим и хвалимся надеждою славы Божией. И не сим только, но хвалимся и скорбями, зная, что от скорби происходит терпение, от терпения опытность, от опытности надежда, а надежда не постыжает, потому что любовь Божия излилась в сердца наши Духом Святым, данным нам.

Кульминация наступает в пятом стихе: «*А надежда не постыжает, потому что любовь Божия излилась в сердца наши Духом Святым, данным нам*».

Павел описывает в этих пяти стихах несколько этапов духовного становления, которые мне бы хотелось перечислить.

1. Мы имеем мир с Богом.
2. Мы имеем доступ к Божьей благодати через веру.
3. Мы радуемся в надежде Божьей славы,

в надежде на что-то в будущем.
4. Мы радуемся также в страданиях (из-за тех результатов, которые страдания производят в нас, когда мы правильно принимаем их).

Затем, Павел говорит о трех последовательных результатах правильно перенесенного страдания: во-первых, *терпение*; во-вторых, *опытность* (в других переводах *«испытанный, закаленный характер»* — примеч. редактора); и, в-третьих, *надежда*.

Затем мы подходим к кульминации: Божья любовь излита в наши сердца Святым Духом. Здесь слово *«любовь»* на греческом — *«агапэ»*, которое в Новом Завете, как правило (хотя и не всегда), обозначает любовь Самого Бога. Уровень любви *«агапэ»* достижим для человека только благодаря силе Святого Духа. В большинстве случаев мы неспособны произвести любовь *«агапэ»* в нашем естественном человеке.

Далее, Павел определяет природу *«агапэ»*. Он объясняет, как она была явлена в Боге и во Христе. Послание Римлянам 5:6-8:

Ибо Христос, когда еще мы были немощны, в определенное время умер за нечестивых. Ибо едва ли кто умрет за праведника; разве за благодетеля, может быть, кто и решится умереть. Но Бог Свою любовь («агапэ») к нам доказывает тем, что Христос умер за нас, когда мы были еще грешниками.

В то время, как Христос умер за нас, по словам Павла, наше состояние можно было описать тремя словами: *«немощные»*, *«нечестивые»* и *«грешники»*. Именно любовь *«агапэ»* отдает себя и не ставит никаких предварительных условий. Это не та любовь, которая говорит, что ты должен быть хорошим, или сделать то и другое. Она отдает даром, даже самым не заслуживающим, беспомощным и недостойным.

Сейчас мы проследим в Новом Завете различные фазы, в которых любовь *«агапэ»* производится в нас. Прежде всего, она является результатом нового рождения. В Первом послании Петра 1:22-23 сказано:

Послушанием истине чрез Духа очистивши души ваши к нелицемерному братолюбию, постоянно любите друг друга от чистого сердца, как возрожденные не от тленного семени, но от нетленного, от слова Божия, живого и пребывающего в век.

Возможность любить любовью *«агапэ»* проистекает из нового рождения — рождения от вечного, нетленного семени Божьего Слова, которое производит в нас новый вид жизни. Любовь *«агапэ»* есть сама природа этой новой жизни. Первое послание Иоанна 4:7-8:

Возлюбленные! будем любить друг друга, потому что любовь от Бога, и всякий любящий рожден от Бога и знает Бога; кто не любит, тот не познал Бога, потому что Бог есть любовь.

Можно видеть, что любовь такого типа является признаком нового рождения. Человек, рожденный свыше, имеет ее; человек невозрожденный не может иметь ее.

Павел описывает следующую фазу этого процесса передачи Божественной любви нам в Послании Римлянам 5:5:

А надежда не постыжает, потому что любовь Божия излилась в сердца наши Духом Святым, данным нам.

После нового рождения Святой Дух изливает в эту новую природу, произведенную новым рождением, в наши сердца, всю Божью любовь. Мы погружены в любовь. Мы получаем связь с неистощимым запасом — вся любовь Божья излита в наше сердце Святым Духом. Я хочу подчеркнуть, что это что-то Божественное, неистощимое и сверхъестественное — что-то, что только Святой Дух может сделать.

Сопоставьте это с тем, что Иисус говорит в Евангелии от Иоанна 7:37-39:

В последний же великий день праздника стоял Иисус и возгласил, говоря: кто жаждет, иди ко Мне и пей; кто верует в Меня, у того, как сказано в Писании, из чрева потекут реки воды живой. Сие сказал Он о Духе, Которого имели принять верующие в Него; ибо еще не было но них Духа Святого, потому что Иисус еще не был прославлен.

Здесь виден яркий контраст. Сначала мы видим жаждущего человека, который не имеет достаточно для самого себя. Но когда входит Святой Дух, этот жаждущий человек становится каналом для потоков живой воды. Это любовь Божья, излитая в наши сердца. Это не человеческая любовь. Это даже не часть Божьей любви. Это вся Божья любовь, и мы просто погружены в нее. Полная, бесконечная, безграничная любовь Божья имеет канал, по которому может течь через наши жизни Святым Духом. Жаждущий становится каналом потоков живой воды.

Теперь мы обратимся к знаменитой тринадцатой главе Первого послания Коринфянам, которую называют «Великой главой любви». В конце двенадцатой главы Павел пишет: «*...Я покажу вам путь еще превосходнейший*». Этот «еще превосходнейший» путь раскрывается в первых стихах следующей главы. Первое послание Коринфянам 13:1-3:

Если я говорю языками человеческими и ангельскими, а любви не имею, то я — медь звенящая, или кимвал звучащий. Если имею дар пророчества, и знаю все тайны, и имею всякое познание и всю веру, так что могу и горы переставлять, а не имею любви, — то я ничто. И если я раздам все имение мое и отдам тело мое на сожжение, а любви не имею, — нет мне в томника-

кой пользы.

Важно видеть, что все дары и проявления Святого Духа предназначены быть каналом и инструментом Божественной любви. Если мы не используем эти дары и не делаем их каналами любви Божьей, мы не достигаем Божьих целей. Даже имея все дары, но без любви — мы становимся подобны звенящей меди и громыхающему кимвалу. Без Божественной любви мы сами ничто, и не имеем ничего.

В первом стихе Павел говорит: *«Если я говорю языками человеческими и ангельскими, а любви не имею, то я — медь звенящая, или кимвал звучащий».* Когда Святой Дух входит, Он входит в сердце, которое очищено верой и обращено к Богу. Но после этого есть опасность высохнуть, упустить Божьи цели и злоупотребить тем, что Бог сделал доступным для нас. Тогда, по словам Павла, такой верующий становится медью звенящей и кимвалом звучащим. Суть слов Павла можно истолковать так: этот человек не был таким, когда принял дары, но упустив цель, стал таким, тем самым нарушив Божий план.

Сравните это с тем, что Павел говорит в Первом послании Тимофею 1:5-6.

Цель же увещания есть любовь от чистого сердца и доброй совести и нелицемерной веры, от чего отступивши, некоторые уклонились в пустословие (в других переводах: «стали бесцельно блуждать» — примеч. редактора).

Целью всего христианского служения является любовь. Божий план для христианина — постоянное выражение Божественной любви.

Итак, мы можем увидеть три фазы в этом процессе передачи Божьей любви нам:

- Первая фаза — новое рождение. Когда мы рождаемся свыше, мы становимся способными на любовь такого рода.
- Вторая — излияние полноты Божьей любви в наши сердца Святым Духом, данным нам. Неисчерпаемые ресурсы Бога стали доступными для нас.
- Третья — выражение этой любви осуществляется в ежедневной жизни благодаря дисциплине и воспитанию характера. Только тогда любовь, происходящая от Бога, становится доступной нашим ближним, окружающим нас людям и действует через нас.

Когда я впервые увидел мощь и величие Ниагарского водопада, вид излияния такого колоссального количества воды навел меня на мысль об излиянии любви Божьей. Потом ко мне пришла следующая мысль: «И все-таки, просто излияние не достигает реальной цели. Только когда эта сила направляется по каналам и приводит в действие механизмы и агрегаты, чтобы принести свет, тепло и энергию жителям многих больших городов Североамериканского континента, тогда она служит цели».

Так и с нами. Мы получаем Божью любовь, когда рождаемся свыше; она изливается на нас потоком Святого Духа; но реальной для наших ближних она становится только когда она направляема по определенным каналам нашей жизни в дисциплине и постоянном практическом обучении.

Глава десятая

КАК ОТКРЫТЬСЯ ДЛЯ СВЯТОГО ДУХА?

Как мы можем открыться для Святого Духа и принять Его в Его полноте и через Него принять все обещанные благословения? Мы рассмотрим ряд мест Писания, которые говорят об условиях, которым нам нужно выполнить, чтобы принять полноту Святого Духа. Бог требует от нас исполнить ряд конкретных необходимых условий.

Покаяться и креститься

В Книге Деяний 2:37-38, описана реакция людей на проповедь Петра в день Пятидесятницы:

Слыша это, они умилились сердцем и сказали Петру и прочим Апостолам: что нам делать, мужи братия? (это был конкретный вопрос, и Божье Слово дает конкретный ответ) *Петр же сказал им: покайтесь, и да крестится каждый из вас во имя Иисуса Христа для прощения грехов, — и получите дар Святого Духа.*

Здесь мы имеем обетование: *«Получите дар Святого Духа»*. Мы имеем также два четко поставленных условия: *«Покайтесь и креститесь»*. Покаяться, значит искренне отвернуться от всего греховного и всякого бунта и безоговорочно подчинить себя Богу и Его требованиям. Креститься, означает пройти обряд, или таинство, которым каждый из нас лично и видимо для всего мира отождествляется с Иисусом Христом в Его смерти, погребении и воскресении. Итак, есть два основных, главных требования для принятия дара Святого Духа: мы должны покаяться, и мы должны креститься.

Попросить Бога

В Евангелии от Луки 11:9-13, Иисус говорит:

И Я скажу вам: просите, и дано будет вам; ищите, и найдете; стучите, и отворят вам; ибо всякий просящий получает, и ищущий находит, и стучащему отворят. Какой из вас отец, когда сын попросит у него хлеба, подаст ему камень? или, когда попросит рыбы, подаст ему змею, вместо рыбы? Или, если попросит яйца, подаст ему скорпиона? Итак, если вы, будучи злы, умеете даяния благие давать детям вашим, тем более Отец Небесный даст Духа Святого просящим у Него.

Здесь есть простое, но очень важное условие. Иисус говорит, что Отец обязательно даст Святого Духа Своим детям, если мы попросим у Него. Я слышал, как христиане говорят: «Мне не нужно просить о Святом Духе». Я должен сказать вам, что это не соответствует Писанию. Иисус обращается к Своим ученикам, и Он сказал: «Ваш Отец даст вам Святого

Духа, если вы попросите об этом». В другом месте Иисус говорит, что Он пойдет к Отцу и попросит Отца послать Святого Духа Своим ученикам. Мне кажется, что если Иисус должен был просить Отца, нам также ничуть не повредит попросить. Таким образом, вот третье условие: попросить.

В Евангелии от Иоанна 7:37-39 даны еще три простых условия:

В последний же великий день праздника стоял Иисус и возгласил, говоря: кто жаждет, иди ко Мне и пей; кто верует в Меня, у того, как сказано в Писании, из чрева потекут реки воды живой. Сие сказал Он о Духе, Которого имели принять верующие в Него; ибо еще не было на них Духа Святого, потому что Иисус еще не был прославлен.

Автор Евангелия не оставляет никаких сомнений, что в этом отрывке Иисус говорит о верующих, принимающих Святой Дух. Помня об этом, давайте обратимся к словам Иисуса: *«Кто жаждет, иди ко Мне и пей»*. Итак, есть три простых, но важных требования.

Жаждать

Первое — мы должны жаждать. Бог не навязывает Свои благословения людям, которые не ощущают своей нужды в них. Многие никогда не принимают полноту Святого Духа, потому что они не жаждут по-настоящему. Если вы думаете, что у вас уже есть все, что вам нужно, то зачем беспокоить Бога по поводу чего-то большего? Скорее всего, вы не лучшим образом пользуетесь тем, что уже имеете. Если бы вы не хотели, а Бог дал вам еще, то вы бы только оказались под еще большим осуждением (использовать не лучшим способом то, то что имеешь, и, следовательно, больше не желать Божьего — это уже самом по себе очень плохо, но не желать и получить — это еще хуже, поскольку, кому много дано, с того много спросится — примеч. редактора).

Это ключевое условие — жаждать. Жаждать значит признать, что вам нужно больше, чем вы уже имеете. На самом деле, жажда — одно из сильнейших желаний в человеческом теле. Когда человек по-настоящему жаждет, ему нет дела до еды или чего-то еще. Все, чего он хочет — пить. Проведя три года в пустынях Северной Африки, я имею довольно хорошее представление о том, что значит жаждать. Когда человек жаждет, он не торгуется, не разговаривает и не дискутирует; он просто идет туда, где есть вода. Вот что говорил Иисус: вы должны жаждать.

Прийти к Иисусу

Затем, если вы жаждете, Он сказал: «*..иди ко Мне...*» Итак, второе условие — прийти к Иисусу. Иисус есть Крестящий в Святом Духе. Если вы хотите крещения, вы должны прийти к Тому, Кто крестит в Духе Святом. Никакой человек не крестит в Святом Духе, только Иисус.

Пить

Потом, сказал Он, вы должны пить. Это так просто, что некоторые люди упускают это из виду. Но пить — это принимать что-то внутрь себя посредством решения своей воли и соответствующего физического действия. Это также является частью принятия Святого Духа. Все эти три шага — жаждать, прийти к Иисусу и пить — являются ключевыми. Быть совершенно пассивными и говорить: «Ну, если Бог хочет сделать это, пусть Он сделает это!» — это не пить. Пить — это активно принимать внутрь себя.

Подчиниться

Мы хотим рассмотреть еще два, связанных с этим, факта о наших телах, которых мы коснулись в предыдущих главах. Во-первых, наши тела предназначены Богом быть храмами Святого Духа. В Первом послании Коринфянам 6:19 говорится:

> *Не знаете ли, что тела ваши суть храм живущего в вас Святого Духа, Которого имеете вы от Бога, и вы не свои?*

Во-вторых, от нас требуется подчинить и предоставить Богу свои члены в качестве инструментов для служения Ему. Ответственность за то, чтобы сделать это лежит на нас. Послание Римлянам 6:13 говорит следующее:

> *И не предавайте членов ваших греху в ору-*

дие неправды, но представьте себя Богу, как оживили из мертвых, и члены ваши Богу в орудия праведности.

Писание возлагает на нас ответственность предоставить, подчинить или посвятить различные члены нашего тела Богу для служения Ему. Один член особенно нуждается в Божьем контроле: язык. Об этом очень просто сказано в Послании Иакова 3:8:

А язык укротить никто из людей не может...

Мы нуждаемся в Божьей помощи, чтобы контролировать все члены своего тела, но мы нуждаемся в особенной помощи, когда дело касается нашего языка. Когда Святой Дух приходит во всей Своей полноте, то первый член, на который Он воздействует и над которым берет контроль и использует для Божьей славы, это язык. Вы обнаружите, если захотите проверить, что каждый раз, когда Новый Завет говорит о людях, переживавших наполнение Святым Духом или исполненных Святым Духом, то первым немедленным результатом являлось то, что они нечто начинают произносить своими устами. Они говорят, они пророчествуют, они прославляют, они поют, они говорят на языках — и всегда в это вовлечены уста человека. Когда вы приходите к Иисусу и начинаете пить, то конечным результатом будет переполнение, которое будет изливаться через ваши уста. Этот принцип очень ясно установлен Иисусом в Евангелии от Матфея 12:34:

От избытка сердца говорят уста.

Когда ваше сердце наполнено чем-то, то его переполнение обнаружит себя в вашей речи. Бог не хочет, чтобы вы были наполнены только до краев — имели достаточно для себя самих, но Он хочет вашего переполнения — перетекали благодатью, были каналов потоков. Помните, Он сказал: «*..Из чрева потекут реки воды живой*». В этом конечная цель Божья.

Божьи требования

Ниже приведены семь условий, которые я обнаружил в Библии, для принятия полноты Святого Духа:

1. Покаяться
2. Креститься
3. Просить Бога
4. Жаждать
5. Прийти к Иисусу; Он — Крестящий
6. Пить — принимать во внутрь
7. Предоставить свое тело в качестве храма для Святого Духа и члены тела в орудия праведности

Возможно, вас немного озадачивает: как вы можете все это сделать? Я хочу помочь вам, поделившись с вами примером молитвы, включающей все вышесказанное. Прочитайте ее внимательно, и если вы чувствуете, что вы можете молиться Богу такой молитвой, то молитесь Богу вслух.

Господь Иисус, я жажду полноты Твоего Святого Духа. Я предоставляю свое тело Тебе в качестве храма и свои члены в качестве орудий праведности, особенно свой язык, — член, с которым мне самому не совладать. Прошу, наполни меня, и пусть Твой Святой Дух потечет через мои уста в хвале и поклонении. Аминь.

Если вы искренне и с верой молились этой молитвой, которая полностью соотвествует воле Божьей для вас, то она была услышана и результат не заставит себя ждать. Слово Божье гарантирует нам в Первом послании Иоанна 5:14-15:

И вот какое дерзновение мы имеем к Нему, что, когда просим чего по воле Его, Он слушает нас. А когда мы знаем, что Он слушает нас во всем, чего бы мы ни просили, — знаем и то, что получаем просимое от Него.

Возможно вы будете поражены полнотой, которую обретете. Господь, да благословит вас!

Дерек Принс
СВЯТОЙ ДУХ В ТЕБЕ

www.ingramcontent.com/pod-product-compliance
Lightning Source LLC
Chambersburg PA
CBHW071844020426
42331CB00007B/1852